Mon animal

Les chiots

Rebecca Sjonger et Bobbie Kalman
Photographies de Marc Crabtree
Traduction : Marie-Josée Brière

Les chiots est la traduction de *Puppies* de Rebecca Sjonger et Bobbie Kalman (ISBN 0-7787-1783-6).
© 2004, Crabtree Publishing Company, 612, Welland Ave., St. Catharines, Ontario, Canada L2M 5V6

Catalogage avant publication de Bibliothèque et Archives nationales du Québec et Bibliothèque et Archives Canada

Sjonger, Rebecca

    Les chiots

    (Mon animal)
    Traduction de : Puppies.
    Comprend un index.
    Pour les jeunes de 6 à 10 ans.

    ISBN 978-2-89579-326-7

    1. Chiots - Ouvrages pour la jeunesse. I. Kalman, Bobbie, 1947- . II. Crabtree, Marc. III. Titre.

SF426.5.S5714 2010   j636.7'07   C2010-940697-4

Recherche de photos
Crystal Foxton

Conseiller
Dr Michael A. Dutton, D.M.V., D.A.B.V.P., Hôpital vétérinaire de Weare
www.weareanimalhospital.com

Remerciements particuliers à
Jeremy Payne, Dave Payne, Shelbi Setikas, Bailee Setikas, Arunas Setikas, Sheri Setikas, Gloria Nesbitt, Lateesha Warner, Connie Warner, Nancy Richards et Healey, Jeannette Thompson et Emma, Michelle Hagar, John Hagar et Buckley, Rose Gowsell, Gary Pattison et Tank, Kathy Middleton et Vanessa Diodatti

Photos
John Daniels/ardea. com : page 13 (en haut)
Marc Crabtree : page couverture, pages 1, 4, 5, 14, 15 (en haut et au milieu), 16, 18, 19 (en bas), 20, 21 (brosses), 22, 24, 25, 28, 29 (en bas), 30 et 31
Bobbie Kalman : page 7 (en bas)
Autres images : PhotoDisc, Comstock et Adobe Image Library

Illustrations
Barbara Bedell : pages 26 et 27
Margaret Amy Reiach : page 17

Nous reconnaissons l'aide financière du gouvernement du Canada par l'entremise du Programme d'aide au développement de l'industrie de l'édition (PADIÉ) pour nos activités d'édition.

Conseil des Arts   Canada Council
du Canada   for the Arts

Bayard Canada Livres inc. remercie le Conseil des Arts du Canada du soutien accordé à son programme d'édition dans le cadre du Programme des subventions globales aux éditeurs.

Cet ouvrage a été publié avec le soutien de la SODEC.
Gouvernement du Québec – Programme de crédit d'impôt pour l'édition de livres – Gestion SODEC.

Dépôt légal –
Bibliothèque et Archives nationales du Québec, 2010
Bibliothèque et Archives Canada, 2010

Direction : Andrée-Anne Gratton
Graphisme : Mardigrafe
Traduction : Marie-Josée Brière
Révision : Johanne Champagne

© Bayard Canada Livres inc., 2010
4475, rue Frontenac
Montréal (Québec)
Canada H2H 2S2
Téléphone : 514 844-2111 ou 1 866 844-2111
Télécopieur : 514 278-0072
Courriel : **edition@bayardcanada.com**
Site Internet : **www.bayardlivres.ca**

Imprimé au Canada

Table des matières

Qu'est-ce qu'un chiot ?

Les chiots sont de jeunes chiens. Les chiens sont des mammifères. Tous les mammifères ont une colonne vertébrale, et leur corps est généralement couvert de poils ou de fourrure. Les bébés mammifères boivent le lait de leur mère.

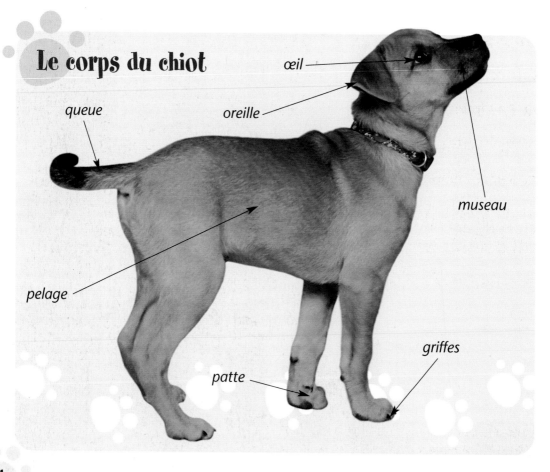

Le corps du chiot

œil

queue

oreille

museau

pelage

griffes

patte

Les loups

Les chiens domestiques
sont apparentés aux loups,
qui vivent et chassent en
groupes appelés «meutes».
Il y a très longtemps,
des humains ont
apprivoisé des loups
et, après bien des
années, ces animaux
sauvages sont devenus
des animaux de
compagnie. De nos
jours, les chiens ont
besoin des humains,
qui doivent les nourrir
et prendre soin d'eux.

*La meute de ce chien, c'est
la famille avec qui il vit!*

Est-ce un bon choix pour toi ?

Les chiots sont populaires comme animaux de compagnie parce qu'ils sont mignons, fidèles et enjoués. Mais c'est beaucoup de travail de s'occuper d'un chiot ! Ta famille et toi devrez le nourrir et le promener, et jouer avec lui tous les jours. Vous devrez aussi le **dresser** et faire sa toilette régulièrement.

Le meilleur ami du chien, c'est son maître !

Une vie de chien

Ton chiot deviendra un chien, qui fera longtemps partie de ta famille. Selon les races, les chiens peuvent vivre de 6 à 16 ans. Même quand ton chien sera vieux, il aura besoin de tes soins et de ton affection tous les jours.

Réfléchis bien !

Les questions qui suivent pourront vous aider, toi et ta famille, à décider si vous êtes prêts à adopter un chiot.

- Qui va le nourrir chaque jour ?

- Vas-tu lui apprendre à devenir **propre** et nettoyer s'il fait des dégâts ?

- Auras-tu le temps de faire sa toilette ?

- Auras-tu le temps de passer au moins dix minutes par jour avec lui pour lui apprendre à bien se comporter ?

- Auras-tu le temps de le promener et de jouer avec lui ?

- Ta famille est-elle prête à payer pour nourrir un chien et le faire soigner au besoin ? Un chien, ça coûte beaucoup d'argent chaque année, tu sais !

- Y a-t-il des gens **allergiques** aux chiens dans ta famille ?

Une multitude de races

Il existe des centaines de races, ou sortes, de chiens. Il y en a de différentes tailles, de différentes couleurs et de différentes silhouettes. Les animaux d'une même race se ressemblent et ont des comportements semblables. Ils ont des parents et des grands-parents de la même race qu'eux. Si tu adoptes un chiot de race pure, il ressemblera à ses parents quand il sera adulte. Tu sauras donc tout de suite de quoi il aura l'air et comment il se comportera plus tard. Voici quelques-unes des races de chiens les plus populaires.

Les retrievers du Labrador, ou labradors, sont de gros chiens robustes. Ils sont très affectueux.

Les bergers allemands sont extrêmement intelligents. Parce que les policiers utilisent souvent ces chiens en mission, on les appelle aussi des « chiens policiers ».

Les teckels sont très actifs. Comme ils ont le corps allongé, certaines personnes les appellent des « chiens saucisses » !

Les golden retrievers aiment bien s'amuser ! Il faut leur donner beaucoup d'espace pour courir et pour jouer.

Beaux mélanges !

Les chiens bâtards ont des parents et des grands-parents de races différentes. Il est donc difficile de prévoir à quoi de tels chiots ressembleront une fois adultes. Les chiens bâtards sont toutefois d'excellents animaux de compagnie ! Ils sont affectueux et résistent bien aux maladies. De plus, ils coûtent moins cher que les chiens de race pure.

Les nouveau-nés

Les chiennes donnent naissance à plusieurs bébés
en même temps, dans des portées qui peuvent
compter jusqu'à 12 chiots. À la naissance, les chiots
sont tout petits. Ils sont aussi aveugles et sourds.
La plupart des chiots ouvrent les yeux
pour la première fois vers l'âge de
deux semaines. Ils entendent
peu de temps après.

*Vers l'âge d'un mois, les chiots
commencent à jouer avec leurs
frères et sœurs. On peut alors
jouer avec eux !*

Du temps avec maman

Pour bien se développer, les chiots doivent passer du temps avec leur mère avant de la quitter. Ils doivent rester auprès d'elle pendant 8 à 11 semaines. Ensuite, ils seront prêts à quitter leur famille de chiens pour une famille d'humains !

Le choix d'un chiot

Pour trouver un chiot, tu peux t'adresser à des **vétérinaires**, à des amis ou à un **refuge pour animaux** près de chez toi pour savoir s'ils connaissent des gens qui sont prêts à en donner. Tu peux aussi en acheter un chez un **éleveur** ou dans une animalerie. Assure-toi simplement que ce sont des gens qui s'occupent très bien de leurs chiens et de leurs chiots.

Comment choisir?

Tu chercheras probablement un chiot enjoué et affectueux. Mais il est important qu'il soit aussi en bonne santé! Voici quelques éléments à surveiller:

- Il a les yeux clairs et brillants.

- Ses oreilles sont propres et luisantes, sans cire à l'intérieur.

- Son museau, son derrière et ses poils sont propres.

- Il n'a pas de **puces**, de plaies ou d'égratignures sur la peau.

Le chiot le plus enjoué risque d'être aussi le plus difficile à dresser!

Ça grandit vite!

Ton chiot deviendra adulte vers l'âge d'un an. Avant d'en choisir un, tu ferais bien de vérifier quelle sera sa taille à ce moment-là. Les gros chiens ont besoin de plus d'espace, de plus d'exercice et de plus de nourriture que les petits chiens. Auras-tu assez de place chez toi pour un chien de grande taille?

La plupart des chihuahuas adultes pèsent moins de 3 kilos.

Ce bébé bouvier bernois pourrait peser jusqu'à 45 kilos quand il aura atteint sa taille définitive!

Bienvenue chez nous !

Avant de ramener ton chiot à la maison, assure-toi que tu as tout ce qu'il te faut pour prendre bien soin de lui.

collier

Ton chiot aura besoin de deux bols : un pour la nourriture et un pour l'eau.

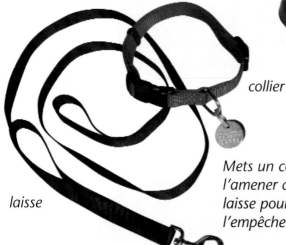

laisse

Mets un collier à ton chiot avant de l'amener dehors, et promène-le en laisse pour le garder près de toi et l'empêcher de se sauver.

brosse souple

brosse métallique

Tu devras brosser ton chiot pour qu'il ait un beau pelage.

Choisis quelques jouets différents pour que ton chiot puisse s'amuser.

La sieste

Ton chiot aura besoin de
beaucoup de sommeil. Tu
peux lui faire un petit lit
dans une boîte de carton
ou lui en acheter un.
L'important, c'est
de l'installer dans
un coin tranquille.
Et n'oublie pas de
dire à ta famille et à tes
amis de laisser ton chiot
tranquille quand il dort !

*C'est une bonne idée de
mettre une horloge dans le
lit de ton chiot. Le tic-tac
l'aidera à mieux dormir.*

Patience !

Quand tu ramèneras ton chiot à la
maison, il sera peut-être craintif. Il te
faudra donc de la patience pour lui
laisser le temps de s'habituer doucement
à toi et à ta famille. Et, bientôt, il sera
prêt à jouer et à explorer !

À boire et à manger

Demande à ton vétérinaire de te recommander des marques d'aliments pour chiens. Il pourra également te dire quelle quantité de nourriture tu devrais donner à ton animal au cours de sa croissance. Jusqu'à l'âge de six mois, les chiots doivent manger trois ou quatre fois par jour. Par la suite, une ou deux fois par jour suffiront.

nourriture en conserve

nourriture sèche

La nourriture sèche et la nourriture en conserve peuvent toutes les deux être excellentes pour ton chien. La nourriture sèche se conserve toutefois plus longtemps.

De l'eau fraîche

Ton chiot aura besoin d'eau fraîche. Tu devras donc lui en donner un bol, et surtout, ne pas oublier de vérifier qu'il contient toujours de l'eau ! Tu devras aussi laver tous les jours les bols d'eau et de nourriture de ton chien.

Ton chiot n'a pas besoin de boire autre chose que de l'eau fraîche.

Pas pour les chiens !

Attention ! Il ne faut pas donner n'importe quoi à manger à ton chiot. Le mieux, c'est de lui offrir de la nourriture faite exprès pour lui.

- Tu peux aussi donner à ton chiot de petits morceaux de bœuf cuit, mais jamais d'os ! Il pourrait s'étouffer.

- S'il mange des **produits laitiers,** comme du lait ou de la crème glacée, ton chiot pourrait être malade.

- Il ne faut jamais lui donner des œufs crus ou de la viande crue !

- Ton chiot sera très malade s'il mange du chocolat, même en toute petite quantité.

L'apprentissage de la propreté

Tu devras montrer à ton chiot à quel moment et à quel endroit il devra faire ses besoins. C'est ce qu'on appelle « l'apprentissage de la propreté ». Il est important que cet entraînement soit constant. Si tu répètes toujours les mêmes gestes, ton chiot comprendra bientôt ce que tu attends de lui. Il te faudra simplement un peu de patience !

Tu peux protéger les planchers de la maison avec des journaux en attendant que ton chiot soit parfaitement propre.

Je veux sortir!

La plupart des chiens doivent aller faire pipi après avoir bu de l'eau. Attends de 10 à 20 minutes, puis attache la laisse de ton chiot à son collier pour l'amener dehors, dans un endroit approprié. Si tu vas chaque fois au même endroit, ton chiot se rappellera plus facilement ce qu'il doit faire. Attends qu'il ait fini pour jouer avec lui… et n'oublie pas de le féliciter!

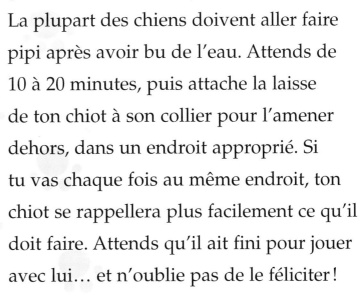

Ton chien cherchera à attirer ton attention quand il aura besoin de sortir. Surveille les signaux qu'il t'envoie et amène-le tout de suite dehors!

Un petit nettoyage

Si ton chiot a fait ses besoins dans la maison, lave tout de suite l'endroit qu'il a souillé. Pour bien enlever l'odeur, prends du vinaigre ou un vaporisateur fait exprès pour ce genre de nettoyage, sans quoi ton chiot retournera faire ses besoins au même endroit.

Le toilettage

Si tu prends bien soin de ton chien, il sera content et restera en bonne santé. Tu devras faire sa toilette chaque semaine. Tu pourrais avoir besoin de l'aide d'un adulte pour certaines des tâches suivantes.

Clic, clac !

Si les griffes de ton chiot font du bruit quand il marche, c'est qu'elles sont trop longues. Demande à ton vétérinaire de te montrer comment tailler leur pointe avec un instrument spécial.

De belles dents

En donnant à ton chiot des aliments croquants et des jouets durs, tu l'aideras à garder ses dents et ses gencives propres et en santé. Tu peux aussi lui brosser les dents avec du dentifrice fait exprès pour les chiens.

Le poil et les oreilles

Le brossage est un aspect important du toilettage de ton chien. Passe doucement la brosse tout le long de son corps. Si son poil est feutré ou emmêlé, démêle-le délicatement avec tes doigts. Vérifie aussi si les oreilles de ton chien sont sales. S'il a les oreilles retombantes, il aura peut-être besoin de ton aide pour les nettoyer. Essuie l'intérieur de ses oreilles avec une serviette humide. Profite aussi du toilettage de ton animal pour voir s'il a des puces.

Les chiens à long poil ont besoin d'un bon brossage tous les deux jours. Prends une brosse métallique et vas-y très doucement!

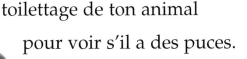

Les chiens à poil court doivent être brossés une fois par semaine avec une brosse souple.

Le dressage

Tu devras dresser ton chiot pour lui apprendre comment se comporter. Cela pourrait prendre un certain temps, alors il te faudra de la patience ! Si tu réussis bien, ton chien sera heureux et bien élevé quand il sera adulte. Tu devrais consacrer de 10 à 20 minutes chaque jour au dressage de ton chiot. Montre-lui comment se comporter dans la maison et à l'extérieur.

Les commandements de base

Commence par apprendre à ton chien à obéir à des commandements simples, comme « assis » ou « reste ». D'abord, montre-lui ce que tu veux qu'il fasse. Par exemple, appuie doucement sur son derrière pour qu'il s'assoie pendant que tu dis le mot « assis ». Quand il est assis, félicite-le et donne-lui une récompense. Répète la leçon plusieurs fois et, bientôt, ton chiot s'assoira dès que tu lui donneras ce commandement. Mais n'oublie pas de le féliciter à chaque fois !

Bon chien !

Ton chiot cherchera toujours à te faire plaisir, alors félicite-le chaque fois qu'il fait quelque chose de bien. Il ne faut jamais le frapper ou crier après lui – il finirait par avoir peur de toi. Amuse-toi avec lui après les séances de dressage. Ainsi, il aura hâte à la prochaine séance !

Tu peux montrer à ton chiot à faire des choses amusantes, par exemple à « donner la patte ».

L'école pour chiens

Vers l'âge de six mois, ton chiot devrait connaître quelques commandements de base. Il sera alors temps de l'inscrire à l'école d'obéissance pour poursuivre son dressage. Un bon dresseur te montrera comment amener ton animal à t'obéir. Tu apprendras ainsi beaucoup de nouveaux commandements pour apprendre à ton tour différentes choses à ton chiot.

L'heure de jouer

Essaie de jouer avec ton chiot environ une demi-heure chaque jour. Ce sera un excellent exercice, pour lui comme pour toi, et vous vous amuserez bien tous les deux ! Les chiots adorent les jeux. Pour savoir ce que le tien préfère, tu peux lui proposer différentes activités, par exemple attraper un Frisbee, un bâton ou une balle, ou même jouer à la cachette !

Ton chiot sera tout content si tu joues avec lui !

La promenade

La plupart des chiens ont besoin d'aller courir ou se promener au moins une fois par jour. Après sa première visite chez le vétérinaire, tu pourras sortir ton chiot en laisse.

Il faudra toujours le garder en laisse, sauf s'il est dans un endroit clôturé.

Le chemin du retour

Quand ton chien est dehors, il doit porter un collier avec une médaille indiquant ton nom et ton adresse. Ainsi, s'il se perd, la personne qui le trouvera pourra te le retourner. À certains endroits, il est même illégal de laisser un chien sortir sans médaille d'identification !

Qu'est-ce qu'il dit ?

Les chiens envoient toutes sortes de messages aux humains et aux autres animaux. Pour exprimer comment ils se sentent, ils produisent différents sons. Ton chiot pourrait par exemple japper s'il est excité, gronder s'il se sent menacé ou hurler s'il s'ennuie. Les chiens communiquent aussi par le **langage corporel**. Ils bougent leurs oreilles, leur gueule et leur queue de différentes manières qui reflètent leurs émotions.

Ce chien lève les oreilles parce qu'il a vu quelque chose qui a éveillé sa curiosité.

Ce chien a la tête basse et les babines retroussées. C'est une marque de soumission. Si ton chiot adopte ce comportement, c'est sa façon de te dire que c'est toi qui mènes !

Ce chien a la queue entre les jambes. Il montre ainsi qu'il a peur et qu'il est prêt à se soumettre.

Ce chien a levé la queue et il l'agite dans les airs. C'est signe qu'il est excité et qu'il veut jouer !

Grrr !

Quand un chien se sent menacé, il fixe parfois la personne ou l'animal qui le dérange. Il peut aussi montrer les dents pour avoir l'air dangereux. Si ton animal se comporte de cette façon, tu auras peut-être de la difficulté à le maîtriser. Il vaudra mieux avertir un adulte si ton chien se montre agressif.

Quelques conseils de sécurité

Il est important de respecter le territoire de ton animal ; c'est son espace personnel. Si tu déranges un chien pendant qu'il mange ou si tu essaies de lui enlever un jouet, il pourrait te mordre. C'est sa façon de défendre son territoire. Tu dois donc apprendre à ton chiot à partager son territoire. Ainsi, tous les gens qui s'approcheront de lui seront en sécurité.

Explique à tes amis quand ils peuvent caresser ton chiot et quand il vaut mieux le laisser tranquille.

Attention !

Quand un chien est sur le point d'attaquer, il donne généralement des avertissements. Ainsi, si tu vois un chien qui montre ses crocs, qui gronde ou qui aplatit ses oreilles, méfie-toi. Et, s'il t'attaque pour vrai, essaie de rester calme. Ne le regarde pas dans les yeux. Ne bouge pas et dis-lui «non» d'une voix ferme. Si tu cries ou si tu cherches à t'enfuir, tu risques de l'exciter encore plus.

Les batailles

Si ton chiot commence à se battre avec un autre chien, n'essaie pas de les séparer. Tu pourrais te faire faire mal ! Éloigne-toi lentement et va trouver un adulte qui pourra régler le problème.

Chez le vétérinaire

Dès que tu auras ton chiot, il faudra l'amener chez le vétérinaire pour t'assurer qu'il n'a pas de maladies. Le vétérinaire lui injectera aussi des **vaccins** qui le protégeront contre certaines maladies. Par la suite, tu devras amener ton chien chez le vétérinaire une fois par année, pour des examens et d'autres vaccins. C'est aussi une bonne idée de faire **stériliser** ton chiot pour qu'il ne puisse pas avoir de bébés plus tard.

Ton vétérinaire sait ce qui est bon pour ton chiot. Il t'aidera à le garder en bonne santé.

Un chiot en santé

Si ton chiot est malade ou blessé, emmène-le tout de suite chez le vétérinaire. Ne lui donne jamais des médicaments faits pour les humains ou pour d'autres animaux! Si tu aides ton animal à rester en bonne santé, tu le garderas longtemps.

Demande de l'aide

Si ton chiot vomit, s'il perd connaissance ou s'il boite, emmène-le tout de suite chez le vétérinaire. Quand tu fais sa toilette, regarde bien ses yeux, ses oreilles et son museau. S'il y a un épais liquide jaune qui s'en écoule, tu devrais aussi consulter ton vétérinaire. Ton chien pourrait également être malade s'il dort beaucoup, s'il boit beaucoup d'eau et s'il ne mange pas autant que d'habitude.

Glossaire

allergique Se dit d'une personne qui supporte mal quelque chose, par exemple un aliment ou un animal

dresser Enseigner à un animal comment il doit se comporter

éleveur Personne qui assure la reproduction, la naissance et le développement des animaux

langage corporel Type de communication qui consiste à exprimer ses émotions avec différentes parties de son corps

produits laitiers Aliments faits avec du lait ou ses dérivés, comme du fromage ou du yogourt

propre Se dit d'un animal qui a appris à faire ses besoins dans un endroit approprié

puces Minuscules insectes piqueurs qui vivent sur la peau de certains animaux

refuge pour animaux Centre où l'on s'occupe des animaux qui n'ont pas de foyer

stériliser Opérer un animal pour qu'il ne soit plus capable de faire des bébés

vaccin Substance qui protège le corps contre certaines maladies

Index